Inspiration Boards

Materials / Supplies:

Materials / Supplies:

Materials / Supplies:

Materials / Supplies:

Materials / Supplies:

Materials / Supplies:

Materials / Supplies:

Materials / Supplies:

Materials / Supplies:

Materials / Supplies:

Materials / Supplies:

Materials / Supplies:

Materials / Supplies:

Materials / Supplies:

Materials / Supplies:

Materials / Supplies:

Materials / Supplies:

Materials / Supplies:

Materials / Supplies:

Materials / Supplies:

Materials / Supplies:

Materials / Supplies:

Materials / Supplies:

Materials / Supplies:

Materials / Supplies:

Materials / Supplies:

Materials / Supplies:

Materials / Supplies:

Materials / Supplies:

Materials / Supplies:

Materials / Supplies:

Materials / Supplies:

Materials / Supplies:

Materials / Supplies:

Materials / Supplies:

Materials / Supplies:

Materials / Supplies:

Materials / Supplies:

Made in the USA
Columbia, SC
18 March 2019